DISNEYS

DER
KÖNIG DER LÖWEN

Die Tiere kamen von nah und fern, um die Geburt von König Mufasas Sohn, Simba, zu feiern. Als der alte, weise Magier Rafiki das Neugeborene auf dem Königsfelsen feierlich empor hob, fielen alle Tiere in Mufasas Königreich vor Simba, ihrem neuen Prinzen, auf die Knie.

Der Einzige, der an der Zeremonie nicht teilnahm, war Mufasas Bruder Scar.

„Warum bist du nicht gekommen?" fragte Mufasa seinen Bruder. „Ach, das muß mir wohl entfallen sein", log Scar. Er war eifersüchtig, daß Simba nun seinen Platz in der Thronfolge eingenommen hatte.

Als aus Simba ein kräftiger Löwenjunge
geworden war, führte Mufasa ihn eines Morgens
auf den Gipfel des Königsfelsens.

„Alles, was die Sonne hell erleuchtet, gehört zu
unserem Königreich!" erklärte Mufasa. „Eines
Tages wird alles das dir gehören!"

„Und was ist mit dem schattigen Platz dort
drüben?" fragte Simba.

„Das liegt jenseits unserer Grenzen. Da darfst du
niemals hingehen!" warnte ihn sein Vater. Am
selben Tag verriet Scar Simba, daß diese
schattige Stelle ein Elefantenfriedhof sei. „Dort
gehen nur die mutigsten Löwen hin!" sagte er.
Simba ahnte nicht, daß sein Onkel ihm mit
dieser Auskunft eine Falle stellte.

Simba wollte seinen Mut beweisen und beschloß, den Elefantenfriedhof so schnell wie möglich zu erkunden. Er lud seine beste Freundin Nala ein, mit ihm zu kommen.

„Ganz schön gruselig hier", flüsterte sie, als sie vor einem mächtigen Schädel standen. Aber bevor sie die Knochen näher untersuchen konnten, wurden sie von drei Hyänen angegriffen. Glücklicherweise kam ihnen Mufasa rechtzeitig zu Hilfe und schleuderte die Hyänen mit seiner riesigen Pranke durch die Luft. „Wagt euch das nicht noch einmal!" brüllte Mufasa sie an.

Auf dem Weg nach Hause versuchte Simba seinem Vater zu erklären, was geschehen war. „Ich wollte doch nur genauso mutig sein wie du, Papa!"

„Mutig zu sein bedeutet aber nicht, sich unnötig auf gefährliche Abenteuer einzulassen", antwortete Mufasa sanft. Er zeigte auf die vielen strahlenden Sterne am Abendhimmel und sagte: „Die großen Könige längst vergessener Zeiten sehen von diesen Sternen auf uns herab", erklärte Mufasa. „Sie werden uns immer leiten. Auch ich werde eines Tages dort wohnen und dich von dort aus begleiten – wenn du es möchtest!"

Am darauffolgenden Tag lockte Scar seinen Neffen in eine neue Falle. Er ließ Simba in einer engen Schlucht allein, in die die Hyänen dann eine Herde Gnus hineinjagten.

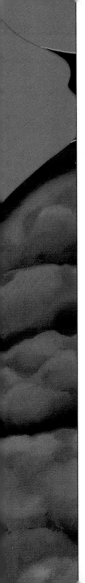

Scar rannte zu Mufasa und rief:
„Schnell! Simba ist dort unten in der
Schlucht!"

Mufasa zögerte keinen Augenblick
und sprang in die Schlucht. Er
rettete Simba vor den tödlichen
Hufen und setzte ihn behutsam auf
einen Felsvorsprung. Als er sich
selbst in Sicherheit bringen wollte,
bröckelten die Steine unter seinen
Hinterfüßen ab, und er stürzte in die
Herde zurück. Schwerverletzt
versuchte er auf einen anderen
Felsvorsprung zu klettern. Dort
wartete bereits Scar auf ihn.

„Hilf mir, Bruder!" flehte er. Doch
Scar stieß ihn in die donnernde
Herde. Der Löwenkönig war tot.

Simba ahnte nichts von der schrecklichen Tat seines Onkels. Scar trat an seine Seite und fauchte böse: „Was hast du getan?"

„Mein Vater hat mir das Leben gerettet", antwortete Simba schwach. „Wenn du nicht gewesen wärest, würde er noch leben!" log Scar. „Lauf, lauf weit weg von hier, und kehre nie zurück!"

Verwirrt und tief traurig rannte Simba davon. Er hörte nicht, als Scar den Hyänen befahl: „Tötet ihn!" Bald hatten sie ihn am Rand eines Tafelberges eingeholt. Mutig sprang Simba in die Tiefe in ein dichtes Dorngebüsch.

„Komm nie mehr wieder ins Geweihte Land, sonst töten wir dich!" schrien sie ihm nach.

Verwundet und zu Tode erschöpft schleppte sich Simba durch die heiße afrikanische Wüste. Über seinem Kopf zogen Aasgeier ihre Kreise. Da verlor er die Besinnung. Als er wieder zu sich kam, standen eine Meerkatze und ein Warzenschwein neben ihm.

„Alles okay, Junge?" fragte die Meerkatze.

„Du wärst fast gestorben", sagte das Warzenschwein. „Wir haben dich gerettet!"

„Woher kommst du?" fragte die Meerkatze.

„Das ist nicht wichtig", antwortete Simba leise. „Ich habe etwas Schreckliches getan, aber ich möchte nicht darüber reden."

„Dann bist du also ein Ausgestoßener!" rief die Meerkatze erfreut. „So wie wir! Ich heiße Timon, und das ist Pumbaa. Hör zu, Junge. Vergiß die Vergangenheit. Keine Vergangenheit, keine Zukunft – keine Sorgen! *Hakuna matata!*"

Simba folgte den beiden in den Dschungel. Die Zeit verging, und aus Simba wurde ein stattlicher, junger Löwe. Er führte ein sorgloses Leben. Nur wenn er an seinen Vater dachte, wurde er traurig. Eines Tages hörte er die lauten Hilfeschreie seiner Freunde. Pumbaa lag eingeklemmt unter dem Stamm eines umgestürzten Baumes, und Timon versuchte, ihn vor einer hungrigen Löwin zu schützen. Simba warf sich sofort auf die Löwin. Da erkannte diese plötzlich ihren Freund aus längst vergessenen Kindertagen.

„Simba?" fragte sie.

„Nala!" antwortete Simba zögernd.

„Was ist denn hier los?" fragte Timon verwirrt.

Simba stellte Nala seinen Freunden vor. Sie konnte aber ihren Blick nicht von ihm wenden. „Wir dachten alle, du seist tot!" sagte sie.

Simba und Nala spazierten für eine Weile alleine
durch den Dschungel. Nala versuchte Simba
davon zu überzeugen, wieder zurückzukehren.
„Scar und die Hyänen haben sich des Geweihten
Landes bemächtigt!" berichtete sie. „Alles ist
zerstört. Wenn du nichts unternimmst, werden
wir alle verhungern!"

Aber Simba war entschlossen. Er wollte nicht
zurück. Beide begannen sich zu streiten, und
Simba verschwand schließlich ohne ein weiteres
Wort im Dschungel.

In dieser Nacht saß Simba allein auf einem Felsen, als plötzlich ein Pavian neben ihm auftauchte.

„Was willst du?" fragte er.

„Ich kenne deinen Vater", antwortete der Pavian.

„Mein Vater ist tot", sagte Simba kalt.

„Oh nein, er lebt! Folge nur dem alten Rafiki", erwiderte der Pavian. Rafiki führte Simba zu einem klaren Teich und zeigte auf Simbas Spiegelbild.

„Sieh hinein!" sagte Rafiki. „Dein Vater lebt in dir!"

Da erschien Mufasas Bild in den Sternen. „Nimm deinen Platz im Kreislauf des Lebens ein!" sagte Mufasa. „Erinnere dich, du bist mein Sohn und der einzige wahre König!"

Simba beschloß, zum Königsfelsen zurückzukehren und seinen Onkel herauszufordern. Als er in sein Königreich kam, sah er überall nur Verfall und Zerstörung. Das Land war vertrocknet und die großen Tierherden verschwunden.

In der Zwischenzeit versuchte Simbas Mutter Sarabi, Scar davon zu überzeugen, den Königsfelsen zu verlassen.

„Wir gehen nirgendwohin!" fauchte Scar.

„Damit verhängst du das Todesurteil über uns", seufzte Sarabi.

„Meinetwegen! Ich bin der König, und ich mache die Gesetze!"

„Würdest du auch nur halb so viel zum König taugen wie Mufasa..." begann Sarabi. Zornig versetzte Scar ihr einen heftigen Schlag.

Da war ein gewaltiges Brüllen zu hören. Scar drehte sich um und erblickte einen starken Löwen.

„Das ist mein Königreich!" erklärte Simba.

„Mufasa?" rief Scar erschrocken.

„Verlasse meinen Thron!" gab Simba zurück.

Aber Scar grinste nur und starrte zu den Hyänen hinüber.

„Für die bin ich der König", erwiderte Scar. Es kam zum Kampf, bei dem Simba vom Königsfelsen abzustürzen drohte. Hämisch grinsend fauchte Scar, als er über seinem Neffen stand: „Wo habe ich diesen Ausdruck nur zum letzten Mal gesehen? Ach ja... Mit demselben Blick starrte mich dein Vater an, bevor ich ihn in den Tod stieß!"

Da sprang Simba mit letzter Kraft auf Scar.

In der Zwischenzeit hatten auch Nala, Timon und Pumbaa den Kampfplatz erreicht und kämpften zusammen mit den übrigen Löwinnen gegen die Hyänen. Scar ergriff die Flucht. Doch Simba konnte ihn auf dem Königsfelsen stellen.

„Versteh doch", sagte Scar. „Die Hyänen sind deine Feinde. Sie haben deinen Vater getötet."

„Verschwinde, los! Und laß dich nie mehr hier blicken!" befahl Simba.

Doch Scar tat nur so, als ob er sich davon-
schleichen würde. Er drehte sich plötzlich um
und sprang Simba an. Simba versetzte ihm
einen Schlag, und Scar stürzte in die Tiefe, wo
die Hyänen über ihn herfielen. Da begann es zu
regnen, und Simba brüllte triumphierend über
das ganze Land hinaus.

Bald darauf erwachte das Geweihte Land zu
seiner alten Blüte. Es gab wieder Nahrung, und
die Herden kehrten zurück. Auch wurde ein
neuer Prinz geboren, und die Tiere strömten
von Neuem herbei, um seine Geburt zu feiern.

Rafiki hielt auch diesmal das Neugeborene feierlich in die Höhe. Da erinnerte sich Simba an die Worte, die sein Vater vor langer Zeit gesprochen hatte: „Die Zeiten ruhmreicher Könige gehen auf und unter wie die Sonne. Eines Tages wird auch meine Zeit mit der Sonne untergehen und mit dir als neuem Herrscher wieder erstrahlen."

Eines Tages würde Simba die gleichen weisen Worte an seinen Sohn weitergeben. Der Kreislauf des Lebens setzte sich fort.